Cajoncito

To ████

with all my
gratitude &
affection,

Emeartino

X X X

Cajoncito

Poems on Love, Loss, y Otras Locuras

By Elizabeth M. Castillo

Para Dra Patricia Romero de Mills;
¡mira lo que hice con todo lo que me enseñaste!
Para Mama Maiguïta;
con todo el cariño de tu niña más loba.
Y para Natita linda hermosa;
me prestaste tu nombre,
te devuelvo un libro.

Introducción del traductor

Traducir la poesía de Elizabeth en medio de una pandemia. Fue casi como vivir dos veces. Pues tanto el pasado como el presente, se codifican aquí. El hecho de que sus poemas sean bilingües y en algunos casos, contengan hasta tres idiomas (español, inglés y francés). La convierten en una poeta sumamente singular.

Pienso en Tagore o en Nicoïdski, que también escribieron así, entre dos mundos. Y siento que la poesía de Elizabeth, busca lo que yo busco. Es difícil encontrarse en los poemas de alguien, pero cuando sucede es algo increíble.

Por eso, como poeta y traductor fue un gusto enorme haber podido trabajar con ella, encontrando nuevos y distintos significados a sus palabras. Ya fuera a través de las juntas de zoom que solíamos tener, dos veces por semana. O en las reuniones en su departamento de la Condesa, anclado como un barco en la Ciudad de México.

Sin duda, las traducciones entre poetas crean una simbiosis única, tal es el caso de Mallarmé y Poe, eso sin olvidar a John Ashbery y Rimbaud. Parece, que con cada traducción la poesía se abre camino, a través de otros ojos y otras voces.

Y es que los versos, como las flores o los árboles frutales, nacen de la tierra y no conocen fronteras. Son una revolución permanente. Por lo mismo, he tratado de conservar el ritmo original que tienen los poemas. Allí, donde palpita el corazón íntimo de la sensibilidad poética que posee Elizabeth.

Sinceramente creo, que este libro debe ser leído en voz alta, tanto en español como en inglés. Para que así, el lector disfrute la música secreta de las palabras. Que no son otra cosa, que un puñado de sueños nadando en el mar.

Andrés Piña
Poeta, Escritor y Traductor
Coyoacán, septiembre 2021

Translator's note

Translating Elizabeth's poetry in the middle of a pandemic was almost like living twice- both in the past, and the present hidden here in this book. The fact that her poems are bilingual and in some cases contain up to three languages (Spanish, English and French) set her apart as an extremely extraordinary poet.

Her work brings to mind Tagore or Nicoïdski, who also wrote like this, between two worlds. And I feel that Elizabeth's poetry seeks what I am looking for. It's difficult to find yourself in someone's poems, but when it happens, it's incredible.

For this reason, it was a great pleasure to work so closely with the poet on the translation of this collection, finding new and different meanings to her words. Whether it was through the zoom meetings that we had twice a week. Or at the meetings in her apartment in la Condesa, where she laid anchor in Mexico City for a few weeks.

The translation process between poets create a unique symbiosis, such is the case of Mallarmé and Poe, and John Ashbery and Rimbaud. It seems that with each translation, poetry travels and transforms as it makes its way through other eyes and other voices.

I firmly believe that poetry, like flowers or fruiting trees, sprouts up from the earth and doesn't know any borders. They are, in themselves, a permanent revolution- always moving. For this reason, I endeavoured to keep the original rhythm of each individual poem, as this is one of the strengths of Elizabeth's artistic heart, so-to-speak.

I sincerely believe that this book should be read aloud, both in Spanish and in English, so that the reader can enjoy the musicality woven into the words. They are, in fact, nothing short of a handful of dreams, swimming in the sea.

Andrés Piña
Poet, Journalist & Translator
Coyoacán, September 2021

Preface

Dear Reader,

Thank you for reading this book, this secretive little cajoncito filled with feelings, and airplanes, and sea creatures, and mountains, and blood. There's also a little anger, a little romance, a little word-play, and quite a lot about the Andes.

For the longest time I was in two minds about whether or not to curate these poems into a collection for publishing, but now it seems I have done so and there's no going back. What you will find in here are poems, some written a very long time ago that I recently revisited- *why* they were written doesn't matter anymore, but *how* they were written still has value. Some of these pieces sprung out from more recent, fresher wounds, both mine and other people's. Some are lists, uncurated thoughts, and edited streams-of-consciousness. And some are just a celebration of the blessings, and blessed ones I've been lucky enough to love in my life, and who have loved me in return.

You will also find every poem in this book has a translation as its reflection. I've kept the original poem in the original language first, as some pieces came to me in the ease of English, while others were conjured up in the Spanish I wasn't born into, but have since come to claim as my own. My Spanish is mostly Chilean, but my translator is Mexican, and so I hope you too will come to love the mixing and meeting of both these language variants across each page of the book, as I have.

But most importantly I hope you will find something of yourself in these poems, or at the very least something close to where you are, or have been. There are very few among us who can boast that they have never had their heart broken; never lost a family member or a friend before their time; never been loved or been in love; never arrived too late to say goodbye; never coveted closure; never wanted to escape their own skin; never skirted the fine line between hurt, longing, madness and despair; never had to rebuild themselves from nothing once again.

I hope you will find solace, and succour in this cajoncito, or enjoyment at the very least. But I won't keep you any longer, as I'm so glad you are here at all!

With every word I know for gratitude and affection,

Elizabeth M Castillo
Paris, September 2021.

Prólogo

Querido lector,

Gracias por leer este libro, este pequeño cajoncito secreto, lleno de sentimientos, aviones, criaturas marinas, montañas y sangre. También hay un poco de enojo, un poco de romance, juegos de palabras y bastante sobre los Andes.

Durante mucho tiempo estuve indecisa sobre si seleccionar o no estos poemas en una colección para publicarla, pero ahora parece que lo he hecho y no hay vuelta atrás. Lo que encontrarás aquí son poemas, algunos escritos hace mucho tiempo que revisé ahora y que no importa por qué se escribieron, pero la forma en que lo hice, todavía tiene valor. Algunas de estas piezas surgieron de heridas más recientes tanto mías, como de otras personas. Algunas son listas, pensamientos que no han sanado, corrientes de conciencia editadas. Y algunos son solo una celebración de las bendiciones y benditos que he tenido la suerte de amar en mi vida, y que me han amado a cambio.

También encontrarás que cada poema de este libro tiene su propio reflejo traducido. El poema original aparece primero en su idioma original, ya que algunos versos me llegaron en la facilidad del inglés, mientras que otras fueron evocadas en el español- idioma en el que no nací, pero que desde entonces he reclamado como mío. Mi español es principalmente chileno, pero mi traductor es mexicano, por lo que espero que a ti también te encante el encuentro de estas dos variantes lingüísticas en cada página del libro, como a mí.

Pero lo más importante que espero, es que encuentres algo de ti mismo en estos versos, o al menos algo cercano a donde estás, o has estado. Muy pocos entre nosotros podemos jactarnos de que nunca nos han roto el corazón; nunca hemos perdido a un familiar o amigo antes de tiempo; nunca hemos sido amados o enamorados; nunca hemos llegado demasiado tarde para despedirnos; nunca hemos codiciado el cierre ; nunca hemos deseado escapar de nuestra propia piel; nunca hemos bordeado la delgada línea entre el dolor, el anhelo, la locura y la desesperación; nunca nos hemos reconstruido de la nada una vez más.

Espero que encuentres consuelo y socorro en estos poemas, o al menos los disfrutes. ¡Pero no te retendré más, ya que estoy muy contenta de que estés aquí!

Con cada palabra que conozco que pueda significar cariño y gratitud,

Elizabeth M Castillo
París, septiembre 2021.

Contents / Contenido

on Love

Can I send you my poems?

Can I bind these words together with the finest filament of my hair? Can I set
the spine with the viscosity of my affection? Can I wrap
this humble offering in egg-shell, and earth, so that on their way to you, new things,
green things, might sprout up in between each whispered word? Can I etch
the destination across my rib cage, right there, where the wound you gave me almost bled
out? Can I slice
it open, press you inside, sew it back up with gorse and spidersilk? Hold my breath so you
can't escape?

Can I tear myself down to only skin, steal into the forest under cover of night? Launch
myself from the tallest canopy? Can I hang,
suspended on the wind, clamber into the undercarriage, nestle myself between blades of
the whirring motors? Fall asleep, head resting against the lull of this strong, steady
machine? Feel the hundred tonnes of thrust cradled beneath me? Can I throw
my entire self into the welcome embrace of the ocean? Can I cleave
my way, breathless, across the seas? Can I scale
the mountains erected defiantly between us? Fight, bare-knuckled, the beasts that live at
altitude? Can I crush
their venomous, bottom-dwelling brothers beneath my heel? Can I harness
the finest desert stallion? Ride him, bare-backed and broken, into the city, against the
wind?

Can I climb the trellis of your castle, slip in, silently through the window of your room?
Can I curl myself around your sleeping body, weave my limbs and yours into a divine
tangle, rest my head in your neck's crook? Can I bury
myself beneath you, absorb myself into your sweat and skin? Can I burrow
deep into your teeth's enamel, stretch myself along the slant of your nose? Can I wrap
your thinning hair around me, shrink into the hollow of your clavicles? Navigate the
tunnels of your bloodline from heart to wrist? Can I find
my home in the juncture of the veins that gather there? Dissolve myself into the lifeblood,
disappear into that glorious red?

Or can I just send you some of my poems instead?

¿Puedo enviarte mis poemas?

¿Puedo unir estas palabras con el filamento más fino de mi cabello? ¿Puedo alinear la columna con la viscosidad de mi cariño? ¿Puedo agarrar la cáscara de esta humilde ofrenda, y la tierra, para que en tu camino nuevas cosas, verdes cosas, puedan brotar entre cada palabra susurrada? ¿Puedo grabar el destino a través de mis costillas, justo allí, donde la herida que me hiciste casi me desangra? ¿Puedo cortarla y abrirla, meterte, volver a cerrarla con aulaga y tela de araña? ¿Puedo sostener mi aliento para que no escapes?

¿Puedo desbaratarme dejando que mi piel sigilosamente se dirija hacia la selva bajo el cobijo de la noche? ¿Lanzarme desde lo alto del follaje? ¿Puedo colgarme, suspendida en el viento, escalar hacia el tren de aterrizaje, acurrucarme entre los álabes y los zumbidos de las turbinas? ¿Dormirme con la cabeza reposando contra el arrullo de esta máquina, fuerte y estable? ¿Sentir las miles de toneladas de propulsión que se mecen debajo de mí? ¿Puedo arrojarme completamente al abrazo de bienvenida del océano? ¿Puedo surcar, sin suspiro, a través de los mares? ¿Puedo escalar las montañas que se erigen desafiantes entre nosotros? ¿Pelear, a puño limpio, con las bestias que viven en las alturas? ¿Puedo aplastar a los animales rastreros y venenosos debajo de mi talón? ¿Puedo adiestrar al semental más fino del desierto? ¿Montar a pelo domándolo, hacia la ciudad, contra el viento?

¿Puedo escalar el enrejado de tu castillo y, calladamente, escabullirme a través de la ventana de tu cuarto? ¿Puedo acurrucarme alrededor de tu cuerpo dormido, entrelazar mis extremidades a las tuyas en un enredo divino, descansar mi cabeza en la curva de tu cuello? ¿Puedo enterrarme debajo de ti, absorbiendo tu sudor y tu piel? ¿Puedo hacer una madriguera dentro del esmalte de tus dientes, estirarme a lo largo del perfil de tu nariz? ¿Puedo enredarme con tus escasos cabellos, hundirme en el hueco de tu clavícula? ¿Navegar por los túneles de tu linaje desde el corazón hasta la muñeca? ¿Puedo encontrar mi casa en la coyuntura de las venas que se congregan allí? ¿Puedo disolverme dentro de la esencia de tu sangre, para desaparecer así entre su rojo glorioso?

¿O puedo enviarte, tal vez, algunos de mis poemas?

And I have loved you

And I have loved you,

>> With the light of a thousand years,
>> the warmth of a thousand suns,
>> and the beat of a single heart.

I have loved you,

>> under the weight of a hundred defeats,
>> over the shame of ten hasty retreats,
>> beyond the depth of a thousand leagues.

And I have loved you,

>> with a thousand apologies unspoken,
>> against the clamour of a hundred pardons,
>> and not a single promise broken.

I have loved you,

>> through the dark wood of a million flies,
>> against a hundred mournful cries,
>> in between the dawn and the day's last light.

And I have loved you,

>> Without reason, without relent.

I have loved you,

>> Entirely without my consent.

I have loved you,

>> These sixteen years ill-spent.

Y te he amado

Y te he amado,

Con la luz de miles de años,
con el calor de miles de soles,
y con el ritmo de un solo corazón.

Y te he amado,

debajo del peso de cien derrotas,
sobre la pena de diez rápidas retiradas,
más allá de la profundidad de miles de leguas.

Y te he amado,

con miles de disculpas no dichas,
contra el clamor de cien perdones,
y ni una sola promesa rota.

Y te he amado,

a través del bosque oscuro de millones de moscas,
contra cientos de gritos dolosos,
entre el alba y la última luz del día.

Y te he amado,

Sin ninguna razón, sin ninguna dimisión.

Y te he amado,

Enteramente sin mi consentimiento.

Y te he amado,

Estos dieciséis años malgastados.

De repente, de repente[1]

aparece tu cara en mi mente
el sonido de tu voz,
esa dulce mirada tuya,
que está ya ausente.
Levanto los ojos hacia el sur
los giro un poco más al oriente.
De ahí, cuelgo un beso en el aire
junto a una oración benevolente.

Con un sobre de cariño los envuelvo,
para el viaje hasta
tu tierra lejana.

Y ahí cansados encontrarán descanso,
como caricia, en tu mejilla durmiente.

Suddenly

your face appears in my mind
that soft look you kept only for me
that's now long gone from here.
I lift my eyes to the south
and I turn my gaze a little to the east
and from there, I hang a kiss upon the air
along with a few words of loving prayer.

I wrap them up in affection, I send them on their way
across the seas
to your foreign land

where, tired from their journey, they may find rest,
upon your sleeping cheek, like a gentle caress.

---

[1] Publicado por primera vez en la *Revista Purgante,* Marzo 2021

Mine

I am always glad to see the rains
Signalling the coming of better days
When I look around this place there is nothing of mine...

This climb is constant, and without an end,
And neither bone nor muscle shall remain unbent.
If I choose to remain upright, can the decision be mine?

I have lightened the load of my weary left hand
As my right tries to bear all this mishap unplanned
If you are heartbroken when I leave, the fault is not mine.

Mía

Siempre estoy contenta cuando miro las lluvias
Señalándome el arribo de mejores días
Y cuando miro alrededor de este lugar
me doy cuenta que nada es mío...

Esta subida es constante, y no tiene fin,
Y ningún hueso ni músculo permanecerá entero.
¿Si escojo seguir de pie, acaso la decisión puede ser mía?

He aliviado la carga de mi mano izquierda cansada
Mientras la derecha trata de soportar este percance repentino
Si al marcharme te rompo el corazón, la culpa no es mía.

Te armé un cajoncito

Te armé un cajoncito,
y aunque no sea peruano,
tú lo puedes tocar igual
y con un ritmo tuyo, yo me sano.

¡Ten cuidado cuando lo abras!
Está muy lleno, esquirlas pueden caer.
Hay historias muy frágiles; trozos del cielo;
y la razón que se me ha olvidado traer.

Te armé un cajoncito,
aunque buena carpintera nunca fui.
Y le puse todos los pedacitos
que me quedaron de ti, y de mí.

Si buscas bien al fondo, ahí encontrarás:
un reloj pegado en la maldita hora que fue;
una botella de barro, llena de lágrimas;
y un ramo de las líneas que yo nunca cruce.

Te armé este cajoncito
como ofrenda de paz y amistad.
Lo empaqué con todo lo lindo que creamos
para que te lleve siempre felicidad.

Agrega mis lágrimas a tu sistema de riego,
para que tu Edén siempre tenga algo de mí.
Y si se me olvidó, enviaré muestras del amor griego
en la corriente del viento, que va saliendo desde aquí.

Te armé un cajoncito
y adentro, dos sueños escondí.
El primero, el sueño que te había robado yo,
y el otro, en el que sigues queriéndome a mí.

I built you a cajoncito

I built you a cajoncito.
No, not one of those peruvian ones,
but you're still welcome to play it-
one of your rhythms might be just what I need.

Careful when you open it!
It's overflowing, you could get hurt.
There's fragile stories, pieces of heaven
and all the sense I forgot to take with me.

I built you this little cajoncito,
though truth be told, woodwork isn't my thing,
and inside I put all the tiny bits and pieces;
what little remains of you and me

If you dig right down into the bottom
you'll find a clock that's stuck at the wrong time,
there's also a clay bottle, filled with salt tears
and a bouquet of all those uncrossed lines.

I've built you this cajoncito
As a peace offering from you to me
I filled it with the loveliness shared between us.
For you to keep. To make you happy.

Use my tears to water your plants
so that Eden always has something of me.
And if I forget, I'll send those greek types of love
next time I feel a passing breeze.

So I built you this cajoncito
and inside I hid a wish and a dream-
one in which I return everything I stole from you,
And the other, in which you still care for me.

Possession

Did I ever tell you a thing that I love about Spanish?
The owner of a thing, can be the thing at the end.
The possessor of a thing, can be the thing's bottom line.

Amor mío.
Culpa tuya.
Locura mía.

My madness. My mistake. My apologies, lover mine.

Posesión

¿Alguna vez te conté una cosa que me encanta del español?
El dueño de un objeto puede ser el mismo objeto al final.
El que posee la cosa puede ser finalmente la cosa misma.

My love
Your guilt
My madness[2]

Mis locuras. Mis errores. Mis disculpas, amor mío.

---

[2] *En la versión original, el verso fue escrito en español. Salvo que se indique lo contrario, a partir de ahora este tipo palabras serán traducidas al inglés y viceversa.*

He helps himself

He helps himself and I let him
because he knows what I like
and he is always so eager to do me right.
He lets himself in and I let him,
a few quick raps on a cold windowpane
and suddenly, I'm soaked in daylight.

Se sirve

Él se sirve y yo lo dejo
porque sabe lo que me gusta
y siempre está impaciente por hacerlo bien.
Él busca una entrada y yo le permito entrar,
unos cuantos golpes en el cristal de la ventana
y de repente. Estoy inundada en la luz del alba.

Reasons para seguir amando

Una misma piedra, cortada en la mitad.
Ten years waited. Ten days wasted.
Diez años por venir. Diez años esperando más.
El perro faldero que fui. El quiltro hambriento que no soy.
The knowledge that love is never malgastado.
The knowledge that love is never wrong.
El pichintun de miel que queda en mi lengua.
The mountains, and their cimientos, digging quietly into the truth.
El constant planner que eres. El caos total que soy.
The nudo and the desnudo, y la sanidad of both.
The stripes en el cielo despejado over Santiago.
Le soleil qui se couche derrière Montmartre.
The Mauritian sun. The Indian Summer.
Circadian rhythms. Rash decisions.
The cycle of pain, suffering, and rebirth.
The confidence that I am forgiven. La certidumbre con la que te perdoné.
Toda la confusión que te quiero aclarar.
El maldito hilo que aún sigue vivo. Rope,
just strong enough to contener the ocean.
These children of ours, ilegítimos quizás. Fruto
del encuentro de dos almas, que nunca conocerás.
Besos, colgados en el aire. Disculpas, que te queman la boca por dentro,
que no tienes idea cómo pedir.
El daño que te hice, que le pido a Dios que algún día pueda reparar.
Friendship. Trust. Understanding.
Paz. Paz, through the centre of the earth, and around its periphery.
Palabritas mías to transcend the atmosphere.
Paz e historias. Love, grace, y amistad.

Razones to keep on loving

A single stone, cut in half.

Diez años esperados, diez días desperdiciados.

Ten years to come. Ten years more.

The faithful lap dog I used to be. The starving mongrel that I'm not.

El conocimiento de que el amor nunca es wasted.

El conocimiento de que el amor nunca está mal.

The drops of honey that remain on my tongue.

Las montañas, y sus foundations, cavando silenciosamente hacia la verdad.

El buen planificador that you are. The utter chaos que soy.

El knotting, el nakedness y el healing de ambos.

Las rayas in the clear skies over Santiago.

Le soleil qui se couche derrière Montmartre[3].

El sol de Mauricio. El verano indio.

Ritmos circadianos, decisiones tajantes.

El ciclo del dolor, del sufrimiento y del renacimiento.

La confianza de que estoy perdonada. The certainty with which I forgive.

All the confusion that I want to clarify.

The damn thread that's still living. Una cuerda,

suficientemente fuerte para contener al océano.

Estos hijos nuestros, illegitimate perhaps. fruit

of the meeting of two souls, that you'll never know.

Kisses, hanging in the air.. Apologies, that burn your mouth from the inside,

that you have no idea how to offer.

The damage I did, the one that I beg God for a chance to repair.

Amistad. Confianza. Entendimiento.

Peace. Peace, a través del centro de la tierra, y alrededor de su periferia.

These words of mine que trascienden la atmósfera.

Peace and stories. Amor, gracia y amistad.

---

[3] En francés en el original, las comillas son del traductor. (N. Del T.)

En Chile existe una Florecita

y su nombre es
        "amor"
y los que la rodean, no temen al mar
ni al invierno, ni a los temblores
que van estremeciendo desde el epicentro
porque en el centro, siempre hace calor
siempre brilla el solcito
siempre abarcamos todos
ahí, en su corazón.

En Chile, existe la florecita
con hojas de seda, y pétalos de valor.
Si su raíz te toca, te toca por la vida
sonará su risa cuando se necesita
como abrazo invisible que lo hace todo
mucho mejor. Y esa florecita,
yo creo en ella. Le pido a Dios que
me la puedo quedar, para siempre
(¡por favor!)

A tí, hermosa florecita, Margarita Bendita,
ojalá que te gusten estás pocas palabritas
envueltas con todo mi cariño y amor.

In Chile there is a Flower,

and her name is
"Love"
and nobody around her fears the tide,
or winter, or the earthquakes
that shake
from the epicentre, at her very centre
in her heart, it is always warm,
the sun is always shining
and there's room for everyone.

In Chile, there is a flower
with silken leaves and petals that are brave.
And at her roots, she will carry you always
wrapping you in her laughter
like an invisible embrace.
And this flower, I believe in her power.
I hope God will allow me to keep her
forever (or maybe a bit more?)

And to you, beautiful Flower
Blessed Margarita
I hope you like these words of mine, wrapped
up in all my love and affection.
They are all yours.

Enredarme

Te voy a robar el apellido
enredarme en el / untar mi piel
con sus suave syllables /
dulce / como aceite de coco /
pintarme el pelo / con todos sus colores
para siempre jamás / atarte a mi /para
siempre jamás / herrada por ti

Tangled

I'm going to steal your surname
tangle myself up in it / anoint my skin
with its silken syllables
/ sweet / like coconut oil
paint my hair / with all its colours
forever / bind you to me
forever / branded by you

I urge you

If there be love
and goodness for each other,
then I urge you
love without artifice
love not for sport
love without strategy
love without end.

Te conmino

Si habrá amor
y bondad para cada uno,
te conmino
a querer sin ningún artificio
a no amar por deporte
a querer sin ninguna estrategia
a amar sin fin.

Cosas que me preocupan

Un cactus que no sobrevive el invierno.

Los olvidos de mi suegro. El duelo de mi hombre a mi.

Ese bulto que llevo desde mi cumpleaños, que los doctores no pueden explicar.

La insolencia de mi hija. Su inteligencia que no imagino cómo abarcar.

Los casos que van aumentando. La pandemia que agarra La Renca por el cuello.

Las veinticuatro horas que se esfuman como el atardecer.

Ideas que se multiplican. La energía que no sigue.

El trabajo de mantener el pelo colorido. La sensibilidad aguda de mi piel.

El odio que me tiene una persona que ni me conoce.

Las disculpas que nunca le podré pedir.

Permitirle a alguien dejar esta vida sin saber lo mucho que amo.

Aquellos hermanos gemelos: Depresión y Ansiedad.

Acné. Intolerancia Alimentaria. Cortaduras con papel.

Ilusiones adoradas que me acompañan hasta mi adultez.

El protector bucal que hace un año abandoné. El sistema de impuesto

inglés y francés. Los ojitos de mi niña. Cuánto, en su ira, se parece a mi.

La villana de la historia que probablemente fui.

Cobardía. Castigo. No conozco la palabra, pero lo contrario de la compasión.

Esta playlist spotify que sigo armando, aunque no sé porque.

La soledad de tantas personas. Mi aversión a la gente en general.

Estos malditos versos que no paro de inventar.

El volver a verte algún día. El nunca volver a verte más.

Los gobiernos por todos lados. La nieve que se equivocó de mes.

Qué imprevisto es enamorarse de algo.

Qué fácil es dejarse llevar.

Things that weigh heavily on my mind

The cactus that didn't survive the winter.
My father-in-law's episodes. My husband's grief.
The lump they found just before my birthday, that the doctor can't explain.
My daughter's insolence. Her intelligence that I cannot fathom how to tame.
The cases that keep rising. The virus that has Santiago by the throat.
The twenty-four hours that dissolve like smoke on the horizon.
Ideas that multiply. Energy that dwindles.
The upkeep of dyeing my hair. The increasing sensitivity of my skin.
The hate I trigger in someone who doesn't even know me.
The apology I will never be able to offer.
Allowing someone to leave this earth without knowing how much I love them.
Those strapping twins: Depression and Anxiety.
Acne. Food Intolerance. Papercuts.
Precious illusions I've dragged on into adulthood.
The mouthguard I gave up on a year ago. The tax system, both here
and in the UK. My daughter's eyes. How, when she rages, she is just like me.
The villain of the story that you probably still believe me to be.
Cowardice. Punishment. I can't think of the word, but the opposite of compassion.
Those spotify playlists I keep making, although I really don't know why.
The loneliness of so many. My general aversion to most of them.
All this damn poetry that just keeps on coming.
Seeing you again one day. Never seeing you ever again.
Governments, the world over. The snow that's got the month wrong, once more.
How unexpectedly one can fall for something.
How easy it is to get carried away.

What more can I give to love?

I wake up, half dressed.
You've had me again
in my sleep.
I said you always could.

I don't know what more I could give to love.
I don't know how much more I can cherish you.

¿Qué más puedo darle al amor?

Me despierto, medio vestida.
Me tienes otra vez
dormida.
Siempre dije que podías hacerlo.

No sé qué más podría darle al amor.
No sé cuánto más te podría atesorar.

Inmortal

Mientras estés vivo
seguiré escribiendo sobre ti,
colocando pedacitos de tu sombra
detrás de cada palabra.
Inmortalizandote así.

De esta manera nunca vas a morir.

Immortal

As long as you're still living
I'll keep writing about you,
hiding pieces of your shadow
behind every word.
Your memory, immortalised.

This is how you never die.

I would like to be loved

I would like to know that if I died tomorrow you would miss me,
and the small, everyday things I do.
The way I have bent my whole life towards you.
That at my funeral, you would find nice things to say,
and they would be things that mattered,
things that were true.
But I fear, in spite of my efforts,
I am not loved,
I have never been loved,
not in this way,
and certainly not by you.

Me gustaría ser amada

Me gustaría saber que mañana si muero me vas a extrañar,
junto a las pequeñas cosas cotidianas que hago.
Esa manera en que doblo toda mi vida hacia ti.
En mi funeral, encontrarás cosas lindas que decir,
y serán cosas importantes,
cosas verdaderas,
cosas que serán ciertas.
Pero me temo, a pesar de mis esfuerzos,
que no soy amada,
que nunca he sido amada,
no de esta manera,
y ciertamente no por ti.

Su nombre...

es canto romano
es fortaleza gallega
es cordillera entera
es divinidad nuestra
es hijo mío
es miel en mi lengua.
Bendición susurrada
esperanza sagrada.
Rayito de sol
en medio de la tormenta.

His name...

is a roman war cry
a galician fortress
an entire mountain range
my own son
our divinity
honey on my tongue.
Whispered benediction
sacred hope.
Little ray of sunshine
in the midst of the storm.

Yo vivo en tu corazón, según E.E. Cummings

Swam up through the arteries. Painted
its walls en mis colores. Lined
el suelo with my plants.
Puse una canción que no tiene letras. Fought
the battle that's already been won. Watched
the slow, steady pace of the snail. Dejé
el amanecer partir en dos the horizon.

Es una cosa tan chiquita, que no escucha
nada de razón. Me llevas contigo. Where you go,
I go. Me llevas contigo. Yo vivo en tu corazón.

I live in your heart, after E.E. Cummings

Nadé a través de las arterias. Pinté
sus paredes in my colours. Forré
the floorboards con mis plantas.
Sang a song that has no lyrics. Peleé
la batalla que ya ha sido ganada. Miré
el lento y fijo ritmo del caracol. Let
the sunrise split el horizonte in two.

It's such a tiny thing, that doesn't listen to
any reason. You carry me with you. A donde vayas,
yo voy. You carry me with you. I live in your heart.

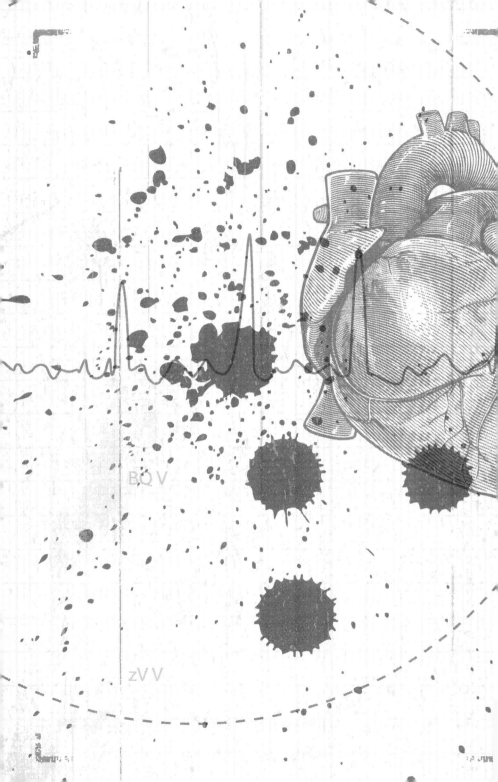

on Loss

Context

I did nothing wrong
And death came for half my family
Three mothers and a friend. I did nothing wrong.

I did nothing wrong
And I lost my baby on the bathroom floor.
Lost half my mind in the hospital
waiting room. I did nothing wrong.

I did nothing wrong.
And I lost you
I lost you
A strange, complicated hurt.
Accumulation of all the losses that came before.
Just trying to protect you.
I did nothing wrong.

I know my life is golden.
I know, with help, I've fought so hard.
I don't know how to scrub the watermark from my ankles,
how to stop the ends of me retracting.
How to feel half of a thing. Politely decline the other half.
How to hold myself in place. I did nothing wrong.

How not to bleed, in every circumstance, all over the floor.

I did nothing wrong.

Contexto

Yo no hice nada malo
y la muerte vino por la mitad de mi familia.
Tres madres y un amigo. Yo no hice nada malo.

Yo no hice nada malo
y perdí a mi bebé en el piso.
Perdí la mitad de la cabeza
en la sala de espera del hospital. Yo no hice nada malo.

Yo no hice nada malo.
Y te perdí a ti
a ti.
Herida extraña, complicada.
Acumulación de todas las pérdidas que vinieron antes.
Solamente traté de protegerte.
Yo no hice nada malo.

Sé que mi vida es dorada.
Sé que, con ayuda, he combatido tanto.
No sé cómo tallar la marca de agua de mis talones,
cómo detener el retroceso de mis extremidades.
Cómo sentir la mitad de algo. Y cortésmente declinar el otro pedazo.
Cómo sostenerme en un solo lugar. Yo no hice nada malo.

Cómo dejar de sangrar, en cada circunstancia, por todo el suelo.

Yo no hice nada malo.

Paris, mi-octobre

I stand, unsteady, before the room.
À Paris, *le mois d'octobre*.
What am I to teach them?
How can I show them
what it is to talk;
how to cut the thoughts down to
word-shapes,
and coax the heart, and tongue, into
speaking?

Conditionals, perhaps?
The language of what could never be,
or what might have been.
English is forgiving-
it has no proper subjunctive,
but it makes provisions for the unreal;
it allows the imaginary its own clauses.

And this classroom I love
this stage, this castle-
is a prison,
is a desert,
is a small, small box.

The French have no word for kindness
which is very telling, I find.
They also struggle with a *thistle*,
a thorn,
thirsty, and *a thunderstorm*.
But Spanish,
Spanish has three words for love.

The time for *paseo* is behind us.
Le pont Bir-Hakeim, le Grand Palais,

Les Champs, la Butte, le Marais...
The French and their lisping will just
have to wait.
Now I have only myself,
and my *s-s-sth-thoughts*,
for company.

I told you once,
and it was in Spanish, *creo yo*,
I can hardly remember,
but I told you once-
the heart was never designed to break
in Paris, or in English.

Paris, mi-octobre[4]

Me paro, titubeante, ante el cuarto.
À Paris, le mois d'octobre.[5]
¿Quién soy yo para enseñarles?
¿Cómo puedo mostrarles
lo que significa hablar;
cómo recortar los pensamientos en
figuras escritas,
y engatusar al corazón, y a la lengua,
para que puedan cantar?

¿Oraciones condicionales, quizás?
El lenguaje de lo que no puede ser,
o de lo que ha sido.
El inglés es misericordioso:
no tiene propiamente un subjuntivo,
pero hace previsiones para lo irreal;
permite que la imaginación tenga sus
propias cláusulas.

Amo este salón
este escenario, este castillo:
es una prisión,
es un desierto,
es una caja pequeña, muy pequeña.

El francés no tiene una palabra para la
gentileza
lo cual es muy revelador.
Ellos también luchan con *thistle*[6]
y *thorn*[7],

thirsty[8], y *thunderstorm*[9].
Pero el español,
sí, el español,
tiene tres palabras para amor.

El tiempo para *la balade* ya se acabó,
Le point Bir-Hakeim, le Grand Palais,
Les champs, la Butte, le Marais...[10]
Los franceses y su labia tendrán que
esperar.
Ahora me tengo solo a mí,
y a mis pens-s-s-samientos
de compañía.

Te dije alguna vez,
y te dije en español, *I think*,
me cuesta recordar,
pero te lo dije alguna vez:
el corazón nunca estuvo diseñado para
romperse
ni en París, ni en inglés.

---

[4] *En francés en el original. (N. Del T.)*
[5] *Ídem.*
[6] *En inglés en el original. (N. Del T.)*
[7] *Ídem.*

[8] *Véase la nota no. 4.*
[9] *Ídem.*
[10] *En francés en el original. (N. Del T.)*

New start[11]

In all my languages, I have found there is no word for you. Although most vowels are the same, no matter where they sit on your tongue, and life goes on, I've noticed, and tries to drag one along with it. But my bags are not packed. This time I do not travel light, or alone.

> You're mistaken if you think I've folded all this up neatly
> behind me. You're an idiot if you think I don't know your
> twitter feed by heart.

I want to be like that crab that builds itself from bits of detritus- that decorates its shell with rubble from the sea floor. To feel and not feel, and breathe while underwater, to be a hundred people, a hundred creatures, and not be anyone at all.

> Who said that healing from mishap and mischief is linear?
> Who gets to decide the shape of my bruises but me?

Such a tiny thing! Such small, such humdrum hours- all rolled up together into a quiet avalanche. Like a leech, I can't shake this nuisance from my ankle, beneath each stone, battalions of fire ants advance. If I can't carry this on board, I will sew it to my ribcage: (I'd like to see them try and prise it off me then!) Dawn is just the start of another day, when the aircraft shudders, then dips, then plunges into the horizon. Down below, in the cargo hold, I've packed most of myself safely away.

> You're deluded if you think I'm not taking you with me. You're
> a fool if you think I'm ever leaving this alone.

---

[11] *First published in Fevers of the Mind Poetry Blog, February 2021.*

Un nuevo comienzo

En todas mis lenguas, encontré que no hay una palabra para ti. A pesar de que las vocales son las mismas, sin importar donde se asiente tu lengua, la vida sigue. Y me he dado cuenta que también trata de arrastrarte con ella. Pero mis maletas no están empacadas. Esta vez no viajo ligera, ni sola.

Te equivocas si piensas que he doblado tan fácil todo esto y lo he dejado atrás.

Eres un idiota si piensas que no conozco de corazón tu *timeline*.

Quiero ser el cangrejo que se forma de pedazos pequeños de detrito, decorando su caparazón con escombros del mar. Sentir o no sentir, respirando debajo del agua, ser miles de personas, miles de criaturas, y al mismo tiempo no ser nada.

¿Quién dijo que sanar de un infortunio y de una travesura es lineal?

¿Será que la forma de mis moretones solamente la decido yo?

¡Tan solo una pequeña cosa! Tan pequeña, pequeñas horas monótonas, todas juntas enrolladas en una callada avalancha. Como si fuera una sanguijuela, no me puedo sacudir esta molestia de mi tobillo, debajo de cada piedra, batallones de hormigas rojas avanzan.

Si no puedo cargar esto abordo, lo coseré a mi costilla:

(Quisiera ver entonces que traten de despegarlo) El alba es solamente otro punto de partida del día, cuando el avión se estremece, luego se hunde, para perderse después en el horizonte. Abajo, en el área de carga, guardé una gran parte de mí.

Estás delirando si crees que no te voy a llevar conmigo.

Eres un tonto si piensas que esto se termine aquí.

Beautiful art

I have made beautiful art
in my belly,
in my breast.
I have found beautiful art
In the street,
beneath my feet.
I've seen beautiful art
to both the right,
and to the left.
I have had beautiful art
beaten out of me
without a sound from me.

Obra de arte hermosa

Hice una obra de arte hermosa
en mi estómago,
en mi pecho.
Encontré una obra de arte hermosa
En la calle,
debajo de mis pies.
He visto una obra de arte hermosa,
tanto a la derecha,
como a la izquierda.
Me han golpeado,
para sacarme toda mi obra de arte hermosa
y no emití ningún sonido.

Saudades

I am running out of languages to grieve in.
Quick!
Someone hand me the Portuguese-
time for *saudades*[12].

Saudades

Me estoy quedando sin idiomas donde puedo guardar luto.
¡Apúrese!
Alguien me ha entregado el portugués:
es tiempo para *saudades*[13].

---

[12] *Saudades: Portuguese word for a deep emotional state of melancholic longing for a person or thing that is absent; yearning; loneliness; deep solitude; nostalgia.*
[13] *En portugués en el original, lo mismo que el título. (N. Del T.)*

Inertia

then it hits me like a...
no, not a wave.
There's no holding my breath
and sinking beneath this feeling.
No, it hits me,
like a stout table leg hits
an unsuspecting little toe;
like a trapped insect batters itself
against the window pane
without making a crack,
how can it?
Tiny, insignificant thing.
It hits me, and throbs within me
Out and in, out and in...
Buzzes about me, at me
(that idiot insect again).
Tickling at my nose, itching at my skin,
this titchy-tiny, oh-so-heavy thing.

I step again, and stumble
pain coursing up through my leg
I bite my lip, and mumble choice profanities
(so the kids don't hear).
They cannot know of this affliction,
of this weight of bricks that is not a wave,
but an aching toe;
a tiny insect; a speck of dust
they see me rubbing
constantly, furiously,
from my eyes.

Inercia

de pronto me golpea como...
no, no una ola.
No hay forma de sostener la respiración
y hundirse debajo de este sentimiento.
No, me golpea,
como la pata de una mesa golpea
repentinamente a un dedito;
como lo hace un insecto atrapado
contra la ventana
sin hacer ninguna grieta,
¿cómo puede?
Esa pequeña, insignificante cosa.
Me golpea, latiendo dentro de mí
Adentro y afuera, adentro y afuera...
Zumba alrededor de mí, sobre mí
(de nuevo ese idiota insecto).
Haciéndole cosquillas a mi nariz, hormigueando mi piel,
¿ay, qué pesada? Esta pequeña comezón.

Doy de nuevo un paso, y me tropiezo
el dolor va corriendo a través de mi pierna
me muerdo mi labio, y balbuceo ciertas groserías
(para que los niños no escuchen).
No pueden saber de esta aflicción,
este peso de ladrillos que no son
olas,
sino un tobillo doloroso;
un pequeño insecto; me ven tallándome
una basurita
constantemente, furiosa,
en mis ojos.

Tengo tanto que contar[14]

que en tu ausencia, le cuento al papel, al silencio, al mar.
Experiencias y descubrimientos prohibidos por la ciencia.
Versos censurados. Libertades revolcadas,
y un universo entero determinado a existir.

Te cuento que el invierno en el norte ha sido muy rudo-
y que la depresión estacional es un verdadero hijo-eputa.
Que todos sabemos que los ricos van a seguir ganando,
que dos cosas que no existen son la certidumbre, y mi amargura.

Te cuento que mi hora ingrata ya no es tan ingrata-
que los árboles que llevo por dentro siguen con sus hojas.
Que las plantas bajas solo piden su derecho a crecer contigo,
hasta en el mes de diciembre. Hasta en esta tremenda sombra tuya.

Que a estas alturas todo se ve mucho más claro-
y que el honor y la lealtad no se pueden subestimar.
Que la vida es cada vez más rica en tres (o más) idiomas.
y que, sí, es posible pensar en tí sin sofocar.

Que el lobo negro que está mordiendome el tobillo,
no tiene más que vanas amenazas que ofrecer.
Que es posible seguir luchando, seguir felíz, seguir esperando
y que la vida es una sola, y no se puede retroceder.

---

[14] First published in *Anthropocene Poesía,* July 2021

I have so much to say

that in your absence, I tell the paper, the silence. I tell the sea.
Experiences and discoveries forbidden by science.
Censored verses. Liberties taken,
and a whole universe determined to persevere.

Let me tell you that the northern winter has been very rough
that Seasonal Affective Disorder is a real son of a bitch.
That we all know the rich will keep on winning,
that certainty, and my bitterness, are two things that don't exist.

I tell you that my *hora ingrata* is no longer so *ingrata*
that the trees I grow inside have all kept their leaves.
That the low-hanging plants only ask for their right to grow beside you,
even in the month of December. Even in this tremendous shadow you left behind.

That, from this height, everything looks much clearer and
that honor and loyalty cannot be underestimated.
That life is so much better in three (or more) languages.
and that, yes, it is possible to think of you, and not choke.

That the big black dog who is biting my ankle
has no more than empty threats to offer.
That it's possible to keep fighting, keep going, keep hoping
that you only live once, and there's no going back.

Silk and Water

I missed you for so long
for a moment,
just a moment,
I held you as *agua*
as *seda*, in my hands.

I was not real
but I was real.
I was right here, (always right here).
I was standing right here,
and I still am.

I opened my doors and windows so you could find me,
but switched off the lights so I wouldn't be seen.
That is what you wanted, isn't it?
My house *es un huerto* without you.
Pero las plantas no crecen, el riego tarda.
Por la ventana, se ve vacilando el sol.
I am here, *sentada, esperando la lluvia.*

This is what you wanted, isn't it?

Seda y Agua

Te extrañé tanto
por un momento,
por solo un momento,
te sostuve como *water*
como *silk*, entre mis manos.

Yo no era real
pero al mismo tiempo lo era.
Estaba justo ahí, (siempre ahí).
Parada precisamente aquí,
lo sigo estando.

Abrí mis puertas y ventanas para que pudieras encontrarme,
pero apagué las luces para que no pudieras verme.
Eso es lo que querías, cierto?
Sin ti mi casa *es un orchard.*
But the plants don't grow, the water tarries,
and over by the window, the sun can't make up its mind
y aquí estoy, *sitting, waiting for the rain.*

¿Eso es lo que querías, cierto?

Una Cosa

Si tu quieres que me vaya,
entonces me voy.
Me retiro a mi reino
de poesía y pimentones.
Una cosa que aprendí de esto:
que no soy Reina en todas partes.

One Thing

If you want me to leave,
then here I go.
I will retire to my kingdom
of poetry and bell peppers.
One thing I have learnt from this:
I am not Queen in every quarter.

Tres Cosas

Tres cosas que me faltan:
        la gravilla de tu voz,
        los pensamientos del amanecer,
        el dulce lujo de saber algo de ti.

Dos cosas que sí son ciertas:
        que es embuste que el tiempo sana todas las heridas,
        y que hasta ahora no he aprendido como odiarte

Una cosa que no se soporta. Que
no se aguanta. Pero que sigue ahí:
        Cobardía.
        Cobardía.
La tremenda cobardía que hay en ti.

Three Things

Three things I have lost:
The gravel in your voice
The dawn and its thoughts
And the luxurious sweetness
of hearing from you.

Two things of which I am certain:
That *time healing all wounds* is nothing but a ruse,

And that certainty, and bitterness,

have never been friends of mine.

One thing that I can't stand.
That is not to be borne. But somehow, still remains:
Cowardice.
Cowardice.
The tremendous cowardice of you.

Unwelcome[15]

I buy raspberries by the crate, though it isn't quite their season.
They are unsustainable, but I buy them all the same.
I'll send a posey to *la Pacha Mama*[16], by way of saying sorry;
being long in the habit of recycling her gifts, her compliments,
I have yet to hear her complain.
And I too, like Sysiphus, pushed my burden up the mountain;
and I now, like Atlas, am no longer 10 feet tall.

There are lines drawn, invisible, in the packed dust underfoot,
the likes of which I have yet to cross.
I have no need for luck, or fortune. Not now that you have gone from here.
Do not worry, and do not bother looking east-
I know now what it is to be unwelcome in your thoughts.
Because I too, like nature, have an aversion to blank spaces;
and I too, like time, know only how to kick against the goads.

I bundle up my offering of words, words you do not care for.
If you will not listen, I will tell them to the streets, and to the stones.
They cannot move. They cannot escape me.
They have no choice but to hear the truth-
the likes of which, I have found, come in very many shades.
Still I, like a well-mannered child, thank you kindly for these lessons;
yet I, like a starving baby in its cradle, am crying out for more.

---

[15] First published in *Nymphs Literary Journal,* May 2021.
[16] Amerindian (Quechua) Goddess "Mother Earth"

No soy bienvenida

Compro frambuesas por caja, aunque realmente no es temporada.
No son sustentables, pero las compro igual.
Le enviaré unas ramillas a la *Pacha Mama*[17], para decirle que lo siento;
he tenido el hábito de reciclar sus regalos, sus piropos,
todavía no escucho que se queje.
Y yo también, como Sísifo, empujo mi carga por la montaña;
y yo, como Atlas, ya no alcanzo los tres metros de alto.

Hay líneas que se dibujan, invisibles, en el polvo asentado bajo mis pies,
tal cual, todavía tengo que cruzarlas.
No necesito suerte, ni fortuna. No ahora que tú te fuiste de aquí.
No te preocupes, ni tampoco te molestes viendo al este:
Ahora sé que no soy bienvenida en tus pensamientos.
Porque también, como la naturaleza, tengo una aversión a los espacios en blanco;
y también, como el tiempo, sé
solamente patear contra los aguijados.

Amarro una ofrenda de palabras, palabras que a ti no te interesan.
Si tú no escuchas, se las diré a las calles, y a las piedras.
Ellas no pueden moverse. No pueden huir de mí.
No tienen otra opción que escuchar la verdad:
tal cual, descubrí que viene
en distintas tonalidades.
Aún, como niña bien portada, te agradezco amablemente por estas lecciones;
aunque me quedo, como una bebé hambrienta en su cuna, llorando por más.

---

[17] *Concepto que en la tradición quechua significa: madre tierra (N. Del T.)*

There is pain

Here are pages, and there is pain. There is pain.
Soaking into the page. The adhesive that binds the ink to the paper.
The result of the algorithm commanding words to take shape across my screen.
The stuff that fires neurotransmitters through synapses.

The book is heavy. Each page waterlogged,
soggy prose, heaving poetry. And there is hurt,
heaped inside it, emptied from my pockets, my sleeves,
the tension in my jaw and the pit of my stomach.

There is a gulf I throw myself into. A void, into which I tumble
several times a day. I fill the space with words, stretch them into
silken thread, tie them together, end to end. With
enough of them, perhaps I will reach you. Perhaps this
severed thing between us can be fixed.

There are the words we should have spoken. The things I should have done.
The people I have lost, and the mountains that had just wits enough
to outsmart me. There's a bit of sickness. There are barrels and barrels of fear,
there's the body I did not honour, the rules I did not break, and the words you
did not let me say.

And there is pain. There is pain.

Hay dolor

Aquí están las páginas, y hay dolor. Hay dolor.
Hundiéndose a través de la página. El pegamento que une la tinta al papel.
El resultado del algoritmo ordenando palabras que toman forma
a lo largo de mi pantalla.
La cosa que dispara neurotransmisores a través de la sinapsis.

El libro es pesado. Cada página anegada,
prosa empapada, poesía pesada. Y hay dolor,
adentro, amontonado, fuera de mis bolsillos y mis mangas,
la tensión en mi quijada y en la boca del estómago.

Hay un vórtice que arrojo dentro de mí. Un vacío, donde caigo
varias veces al día. Lleno el espacio con palabras, alargándolas
en un hilo de seda, las amarro todas juntas, de punta a punta. Con
suficientes palabras, quizá te pueda alcanzar. Tal vez esta
lazada entre nosotros se pueda arreglar.

Hay palabras que debimos haber hablado. Cosas que debimos haber hecho.
Las personas que he perdido y las montañas que para esto son demasiado ingeniosas
me han superado. Hay un poco de molestia. Hay toneladas y toneladas de miedo,
está el cuerpo que no honré, las reglas que no rompí, y las palabras
que no me dejaste decir.

Y hay dolor, hay dolor.

Éxito, Liz

Éxito, Éxito;
that falsest of friends.
In your mouth, it's success,
to my ear, it's the end.

Éxito, Liz

Éxito, Éxito;
el más falso de los mitos.
En tu boca, es un triunfo
para mi oído, es el final.

Ships

Ships,
that have passed in the night,
and have laid anchor
in opposite ports
across two different cancers.
I navigate the cold spaces of this bed
without you.
I negotiate the blank spaces in my head
without you.
No land to be found,
not even by daylight.

Barcos

que se han cruzado en la noche,
y que han anclado
en puertos opuestos,
a través de diferentes meridianos.
Navego los espacios fríos de esta cama
sin ti.
Gestiono los espacios blancos en mi cabeza
sin ti.
No encontramos la tierra,
ni siquiera al alba.

Duelo y Amistad

Nunca ha sido tan profundo, ni oscuro
el oceano;
y los Andes, nunca se han parado tan alto,
inamovibles,
con tan poco frenesí.
Nunca han sido repelidos mis avances con tanta fuerza,
ahorcados por la tremenda sequía que enfrentaron ahí.
A esa altura
mi arsenal se encuentra completamente agotado,
y las tropas más robustas ya me han desertado
por otro lado del mar, o algún lugar
que esté muy lejos de mí.

El duelo,
(acaso que sea la palabra adecuada
para esa derrota humillante que contigo conocí)
ya no lo llevo siempre. Ni por el amor-
porque el *eros* y el *ludus*, te conté,
se anudan, y se desnudan,
como aquellas serpientes chilotes-
ni por la primavera tuya que fui.

No, es la amistad que permanece,
como mancha en la madera
o el perro fiel que paciente ahí.
Está siempre en la puerta,
inocente, pero hambriento.
No te preocupes,
no creo que esta vez
la lluvia te traiga nada de mí.

Friendship and Grief

Never have there been such depths, and darkness to
the ocean;
and the Andes have never stood so tall
implacable
so completely unmoved.
My forces have never been so forcefully repelled,
suffocated, by the merciless drought that met them there.
At this point,
I have exhausted my arsenal,
and my strongest troops have all deserted,
fled across the sea, or some other place
that is so very far away
from me.

I do not grieve
(if that is the correct term for the humiliating
defeat you inflicted on me)
that much anymore. Neither for love-
because *eros* and *ludus*, like I said,
chase their own tails; weave
in and out of each other,
like those mythical snakes in Chiloé-
nor for the springtime I brought you.

No, only friendship remains,
like a stain in the wood, or
a patient, faithful dog.
It sits in the doorway,
innocent, but starving.
Don't worry,
this time I don't think
the rain will bring you any of me.

Common Ground

The common ground has run out between us. Now,
just this giant web,
and the earth.
And this great, ignorant
silence. And the treading of feet, and the doing of duty, and
the lure of possibility. And the heart, that can't be
trusted,
and the mind that *can* be fooled, and the
consequences
that were ignored. I know there is
steel set inside of you, I know it is plated
along the length of your backbone. I know
something, once tainted,
once trampled underfoot,
loses all of your regard. I know we
should have parted as brothers, that
what little is left has retreated so far
into the distance it's nothing more than a tiny,
pulsating mark on the horizon that daunting,
taunts me as it stretches on and on, and further
beyond. As far as my eyes can see infinity.
Proof
that the world must keep turning in the face of
injustice. That the sun
will not be distracted in its
daily task; that malice
and manipulation do sometimes prevail;
and that I would probably do best to collect myself,
and my words, belongings, and people, and move on.

Intereses comunes

Los intereses comunes se terminaron entre nosotros. Ahora,
solo queda esta gigante red,
y la tierra.
Y este terrible e ignorante
silencio. Y el rastro de nuestros pasos, y los deberes realizados, y
el señuelo de posibilidad. Y el corazón, en el que no se puede
confiar,
y la mente que puedes engañar, y las
consecuencias
que ignoramos. Yo sé que todavía
hay una batería de acero en ti. Sé que está chapada
a lo largo de tu columna vertebral. Sé
que algo, alguna vez contaminado,
alguna vez pisoteado,
pierde toda tu consideración. Sé
que debimos despedirnos como hermanos, que
esa cosita que quedó
se ha retraído tanto en la distancia,
que no es más que una diminuta marca que late
en el horizonte de mi desaliento,
burlándose de mí mientras se estira y más allá,
se estira. Hasta donde mis ojos pueden ver el infinito.
Prueba
de que el mundo debe seguir girando a pesar de
la injusticia. Que el sol
no se distraerá
en su tarea diaria, que la malicia
y la manipulación a veces prevalecen;
y que probablemente yo haré lo mejor al recogerme,
mis palabras, mis pertenencias, mi gente, y marchar.

Escríbeme, según Agha Shahid Ali

¿Dónde estás? / ya no te siento
tan cerca / ya no estás / Aunque sigue
intacto el hilo / ¿no lo
sientes tú? / no me mientas / por
favor / entre tú y yo / siempre hubo
honestidad / desde el principio / hasta
este momento / ninguna mentira /
ninguna decepción / entre tú y yo /
respeto / cariño / y amistad / ¿Dónde
estás? / te sentí / todo estos días / sentí
tus pensamientos convergiendo
hacia mí / sentí tu culpa / confusión / ojalá
pudiera absolverte / de todo esto / ojalá
pudiéramos conversar / ¿cuántas
veces / se puede perder a alguien?
ya te fuiste / ya no estás / ya solo te
encuentro / entre mis palabras / entre
las plumas / mojadas / de mi almohada /
en las fotos / que no alcanzo / a borrar. Qué
retorcidas son / las personas / Qué
lejos estás tú / qué equivocada / aún soy
dijo una vez / un poeta que
el mundo está lleno de papel / las hojas
no cuestan / nada / tu orgullo / tus
decisiones salomónicas / sí / ¿hasta
cuándo / esperaré que me escribas / algo?
quédate / aquí conmigo / te lo ruego, / quédate
con lo poco / que ahora / te puedo regalar, /
palabras sin tinta / hojas / como para llenar / la
tierra / si pudiera /
llenaría tu mundo / de papel / escríbeme /

Write to me, after Agha Shahid Ali

where are you? / I can't feel you
so close anymore / you're not there / thread
still intact / can't you feel
it? / Don't lie to me / please /
between you and I / always
honesty / from the start / until
this moment / no lies /
no deception / between you and I /
respect / affection / friendship / Where
are you? / I felt you / all these days / felt
your thoughts converging
towards me / felt your guilt / confusion / if only
I could absolve you / of all of this / if only
we could talk / how many
times / can one lose the same person?
you're gone / you're not there / now I only
find you / in my words / in the wet / goosefeathers
/ of my pillow / in the pictures /
I can't bring myself / to throw away / people
can be / so twisted / you are
so very far away / I am still / so mistaken
A poet / once said
the world is full of paper / plain sheets
cost next to / nothing / your pride / you
Solomonic Judgement / does / How
long / will I wait for you to write me / something
stay / here with me / I beg you / keep
the little / I can give you / now /
words without ink / paper / enough to fill / the
earth / if I could /
I would fill your world / with letters / write to me /

(Probably not) The last poem I ever write about you[18]

Moving on is 50 over the limit on a snow-covered motorway, then
remembering I have children. It's dyed hair, and a tattoo, and poems
written in the dark. Or in the bathtub. Like this one.

Moving on is dropping weight, getting surgery, cutting out
sugar, running a 15K. It's sitting an extra five-minutes in the car park
to cry, before going home.

Moving on is a bustling twitter feed. A website, a brand, too many
projects. Travel across France. It's more lovemaking, more bedtime
stories, more cuddles, more crafts.

Moving on is grieving, telling myself that you are the worst kind of dead to me.
It's knowing that you're the kind of dead that isn't dead at all.

---

[18] First published in *The Cabinet of Heed Literary Journal,* May 2021

(Probablemente no será) El último poema que escriba acerca de ti

Seguir adelante es manejar a 50 por encima del límite en una autopista cubierta de nieve, luego recordar que tengo hijos. Es el cabello teñido, un tatuaje y poemas escritos en la oscuridad. O en la tina del baño. Como éste.

Seguir adelante es perder peso, conseguir una cirugía, dejar por fin el azúcar, correr 15k. Sentarse 5 minutos extra en el estacionamiento a llorar, antes de ir a casa.

Seguir adelante es un historial de twitter activo. Una página, una marca, demasiados proyectos. Viajar a través de Francia. Es más tiempo haciendo el amor, más cuentos para dormir, más abrazos, más manualidades.

Seguir adelante es un duelo, decir que para mí tú eres la peor clase de muerto. Saber que tú eres el tipo de muerto que no está muerto para nada.

Me gustaría (poema pa' ti, idiota)

Me gustaría
mucho no tener esta pluma, o mejor
este teclado pegado a los dedos.
creo que me encantaría, no tener
el celular siempre prendido, no
buscar tu nombre entre mis correos,
no revisar cada semana, todo lo
que te gustó a ti.

Me gustaría entender, contener, todo
lo que me está pasando,
hasta lo romántica que soy, me doy
cuenta de lo irracional que es seguir así.
Voy rellenando el vacío que dejaste, con
papel de seda y palabritas, y conversaciones
que nunca tomarán lugar. Con ambas manos
voy armando una estructura, una obra, con
todas tus proporciones.
Cada día voy progresando, aunque confieso
que al mismo tiempo, todo es un poco hueco,
y sangrante.

Si algún día te encuentras leyendo
esto, no dudes en contarme lo que piensas. Hay
otros más elocuentes, pero todos son fruto de
una misma fuente, que es el tiempo, el arrepentimiento,
que son disculpas, y que eres tú.

No dudes, no vaciles por favor.
No olvides que
por mi parte,
nunca llegará el día en que no quiera saber de ti.

I'd like (poem for you, fool)

I'd really like,
not to have this pen, or I mean,
this keyboard, stuck to my fingertips.
I think I'd love not to keep
my cellphone always on, not to
look for your name in my inbox,
not review, every weekend,
everything that you liked.

I'd like to understand, to get a handle on,
everything I am feeling,
even a hopeless romantic like me
knows it makes no sense to go on this way.
I fill the space you left behind,
with crepe paper, and words,
and conversations that will never take place.
With both hands I assemble the frame
for the artwork- all to scale, and exactly
to your measurements.
It's taking shape, day by day. Though,
I must confess that at the same time,
it all feels very hollow. And can get
a little bloody.

If you ever find yourself reading this,
please don't hesitate to let me know what you think. There
are others of course, much better written than this one, but
they're all inspired by the same thing, which is
time, regret. Which are apologies. Which is you.

Please, don't hesitate. Don't think twice.
Don't ever forget that, for my part at least,
there'll never come a day that I don't want to hear from you.

Lean in

Feel your grief, baby girl, wrap yourself up in it. You didn't so much overplay your hand as set all your cards out on the table, as a child, trusting, has yet to learn the rules, and the bitter sting of the guile of others. Observe the tall column of his back as he turns away from you. Observe the three words of his name that he has set just out of your reach. Observe how he does not flinch, not even for all your screaming. Embrace the arid cold of his indifference. Lean in, lean so far into the void he has left, trampling every good, growing thing in his wake, that you have no choice but to topple over into it. And there, at the bottom, between rock and shadow, mop up the blood spilling from this great injury, and weave the colours of this injustice in your hair. Paint your face with it, attach its slender length to your ankles. Come, no more crying now. Set what's left of him beneath your feet- set it on fire. And now, just like those rocket ships that launch themselves from their frail, trellised scaffolding, you know deep inside you the only way is up. The dust and rubble will be far too late to say goodbye.

Inclínate

Siente tu tristeza, nena, envuélvete en ella. No jugaste lo suficiente tu mano cuando pusiste todas tus cartas en la mesa, como una niña, crédula, que todavía tiene que aprender las reglas, y el amargo aguijón del engaño de los demás. Observa la columna alta de su espalda mientras se voltea alejándose de ti. Observa las tres palabras de su nombre que él ha puesto fuera de tu alcance. Observa cómo él no se estremece, ni siquiera por todos tus gritos. Abraza el frío árido de su indiferencia. Inclínate, inclínate en lo más profundo del vacío que él ha dejado, pisoteando cada cosa buena a su paso, para que no tengas otra opción más que derribarlo. Y ahí, en el fondo, entre sombra y roca, trapea la sangre que emana de esta gran herida, y teje los colores de esta gran injusticia en tu cabello. Pinta tu cara con ella, ata su fina longitud a tus tobillos. Vamos, basta de llorar. Deja lo que queda de él debajo de tu pie: préndele fuego. Y ahora, justo como esos cohetes que se lanzan desde su frágil andamio enrejado, sabes muy dentro de ti que la única forma es ir hacia arriba. El polvo y los escombros estarán demasiado lejos para despedirse.

que se congregan a
soltarme dentro
de la esencia de t
desapareciendo así

y Otras Locuras

Gathering my children to me[19]

Come on, unbending sense of justice, come on, bitter, bitter sting of betrayal,
come poetic sensibility, you're needed elsewhere,
we're leaving. Explanations, justification,
reasons hold each other's hands now. Settle down.
Come, fresh tears spilled into clean laundry, come,
those few, thrilling seconds I hold myself underwater in the bath.
Come, sweet, bewitching intensity, step this way,
total disregard for consequence.
Come pride, come faith, come bloody, scuffed-up knees. It's time to go.
We've long outstayed our welcome.
Come here, crippling need to please.
Come on, hurry up, food intolerance, and chronic pain.
Come along now, depression, out you get, stretch your legs a little.
Come on now, breath caught in my chest, that could be asthma, but
I'm pretty sure is regret. Come back here, sensitive skin,
eclectic spotify playlists, come here right now, childhood obsession with dinosaurs.
Get down from there, incorruptible self-assurance!
Come procrastination, I'm not going to say it twice.
Come now, self-flagellation, come increasingly perpetual anxiety. Come wit,
come dry, absurdist humour, yes you can sit up here by me.
Come on over here, darkest of all dark clouds. I've made
room enough for you in the sky.
Come now ambition, wait your turn, come,
easy forgiveness, come, too many reasons why.
Get back here lust! You've done enough!
Settle down, bruised and vindictive pride! Let's go, come on now, we're leaving,
we can't stay a minute longer, watch out for incoming traffic, that's it,
hope against all odds, right then left then right again.
Come on now. No time, no reason, no chance to say goodbye.
We should have been long gone by now.

---

[19] First published in *Bandit Fiction Literary Journal,* October 2021.

Reuniendo a mis hijos en torno a mí

Vamos, herido sentido de justicia, vamos, amargo, amargo aguijón de la traición,
vamos, sensibilidad poética, te necesitan en otra parte,
nos estamos marchando. Explicaciones, justificación,
ya, las razones tomense de la mano. Sientan cabeza.
Vamos, lágrimas frescas derramadas en la ropa limpia, vamos,
esos pocos segundos emocionantes en el baño en los que mantengo mi cabeza debajo del
agua. Vamos, dulce intensidad encantadora, adelante,
ninguna preocupación por las consecuencias, vamos autoconfianza, vamos, fe, vamos,
rodillas
raspadas y sangrientas. Es tiempo de irnos. Hace rato que hemos desgastado nuestra
bienvenida. Ven aqui, incapacitante necesidad de complacer. Vamos, apúrate,
intolerancia
alimentícia, y dolor crónico. Ven ahora, depresión,
debes de salir, estira las piernas un poco. Vámonos, respiración
presa en mi pecho, que podría ser asma, pero que estoy segura que
es arrepentimiento. Vuelve aquí, piel delicada, listas eclécticas de Spotify, vengan aquí
ahora, obsesión infantil con los dinosaurios.
¡Baja de ahí, incorruptible autoestima!
Vámonos, no lo voy a decir dos veces. Vamos, procrastinación,
auto-flagelación, vamos, ansiedad perpetua que incrementa. Vamos, claro,
seco, absurdo humor, sí te puedes sentar conmigo.
Ven aquí, tú, la nube más oscura de todas. He dejado
suficiente espacio para ti en el cielo.
Vamos ahora, ambición, espera tu turno, ven,
perdón presto, vengan, demasiadas razones por que.
¡Ven aquí, Lujuria! ¡Has hecho suficiente!
¡Sienta cabeza, orgullo maltrecho y vengativo! Vámonos, ya es tiempo, nos
estamos marchando,
no podemos quedarnos ni un minuto más, cuidado al cruzar la calle, así es,
la esperanza contra todos los pronósticos, mira a la derecha, luego a la izquierda y luego
hacia la derecha otra vez. Vámonos.
No hay tiempo, ni razón, ni oportunidad para decir adiós.
Debimos habernos ido hace tiempo.

Te cuento de la Luna[20]

Te cuento que la luna, a diferencia de nuestra historia, tiene el mismo aspecto en ambos hemisferios. Que incluso cuando es menguante, reinan el silencio y la oscuridad, sigue trabajando con las manos en la mesa, y no guarda nada escondido. Se ausenta de vez en cuando solo para consagrarse a su cuaderno de seda, en el cual va anotando los pocos recuerdos que compartimos, ya inmortalizados, como tú, en tinta china y cursivas.

Te cuento que tú, como yo, somos los dos jardineros. Cultivo palabras, sembrándolas por aquí y allí, regalándoles agua y enseñándolas como alabar al sol como se debe, tal como me enseñaron las mareas, acólitas de la luna que son. Que las flores que crecen ahí, en algún rincón de Puchuncaví, veneran a los árboles, no solo por su altura, sino también por el honor y honestidad que corre por su dulce savia. Y que el más valiente entre ellos no siempre es el más grande, aunque sí, siempre se parece un poco a ti.

Te cuento que el tiempo, tal como el viento, no está habilitado para sanar ningún daño. Solo sabe alzar el polvo diario que se va pegando en las heridas, abiertas que son por lo mucho que las hinco. Van desapareciendo los moretones bajo mi piel, que se oscurece por el sol austral que no sabe de misericordia desde aquel momento en el que instruyó al Atacama de extenderse tan lejos, y a la cordillera de posturar tan alta, tan fría y tan inamovible.

Te cuento todo lo que la luna, las plantas, el tiempo, y el viento te quieren contar.

Te cuento una historia mía. Una historia más.

Te lo cuento todo. Te cuento la verdad.

---

[20] First published in *The Lanke Review,* May 2021.

Let me tell you about the Moon

Let me tell you that the moon, unlike this story of ours, looks the same in both hemispheres. That even when she wanes, and silence and darkness reign, she continues to work with her hands on the table, and keeps nothing hidden. From time to time she disappears to consecrate herself to writing in her silk notebook, where she records the few memories we share, already immortalized just like you, in India ink and cursive.

Let me tell you that you and I are gardeners. I cultivate words, sowing them here and there, watering them, and teaching them how to worship the sun as they should, just as the tides taught me, acolytes of the moon that they are. That the flowers that grow there, in some corner of Puchuncaví, venerate the trees, not only for their height, but also for the honour and honesty that courses through their sweet sap. And that the bravest among them is not always the tallest, although yes, he does always look a little like you.

Let me tell you that time, like the wind, does not know how to heal any kind of hurt. It only knows how to lift the dust that sticks daily in the wounds, open as they are for all my picking at them. The bruises are fading, as my skin is darkened by the southern sun that knows nothing of mercy from the time when it first taught the Atacama to stretch itself out so far; and the mountains to stand so tall, so cold and so immovable.

Let me tell you everything that the moon, the plants, time, and the wind would wish to tell you.

Let me tell you one of my stories. Just one more story .

Let me tell you everything. Let me tell you the truth.

A song is just a song

Though it be the only one of its kind.
At the end of all things,
a day is just a day is just a day.

Una canción es solo una canción

Pensando que es la única de su tipo.
Al final de todas las cosas,
un día es solo un día es solo un día.

Idiot flower

Ten-year-old roots,
ten-day blossoms.
Fool of a flower,
Florecita Idiota.

Florecita idiota

Raíces-de-diez-años,
Floración-de-diez-días
Flor ingenua,
Idiot Flower[21].

Rayito de sol

Foolish little flower.
Biding time in the desert,
waiting for the rains,
hopeful for what isn't coming.

Rayito de sol

Florecita ingenua,
esperando en el desierto,
aguardando las lluvias,
llena de esperanza por lo que no vendrá.

---

[21] *A diferencia de otros poemas, donde decidimos preservar el original en español. Aquí quisimos conservar la voz de la autora en inglés, dado el contexto y la oralidad del mismo. (N. Del T.)*

Horizon

I am not your comfort,
I am not your plaything,
I am not made to shrink down to your size.
I am the heights,
I am the deep,
I am the horizon that tears across your skies.

Horizonte

No soy tu consuelo.
No soy tu cachivache.
No estoy hecha para reducirme a tu tamaño.
Soy las alturas,
soy la profundidad,
soy el horizonte que desgarra tus cielos.

Aquella florecita

Ya no soy aquella florecita
soy arbusto entero, y el sol de pleno día.

Crezco y voy creciendo
raíces como ríos
y ramas como el viento

Ya no me lleva la marea,
ni me conducen los gorriones.
Hoy me paro como Aconcagua,
con cada paso suenan mil temblores.

Ya no soy aquella florecita-
en muchedumbre me convertí,
en selva entera, ¡ten cuidado!
Seguro te vas a perder en mí.

That tiny, little flower

I'm no longer that tiny, little flower
I'm the entire vine, and the blazing, midday sun.

I grow and I am growing,
roots like mighty rivers
and branches like the north wind.

The tides cannot carry me,
and the sparrow can no longer be my guide.
I stand, towering like Aconcagua
beneath every footstep, the earth trembles.

I'm no longer that tiny, little flower
I've become an entire horde,
a whole jungle, but watch your step!
If you're not careful, I'll swallow you whole.

Thick, damp, sweltering

Thick, damp, sweltering.
With you, the beach and midnight.
Thick. Damp. Sweltering.

Screaming at you with all my might.

Tenso, húmedo, tórrido

Tenso, húmedo, tórrido
Contigo, la playa y la medianoche.
Tenso. Húmedo, Tórrido.

Gritándote con todas mis fuerzas.

Rage

Rage collects
under my tongue, like vomit,
and at my wrists,
like the punch I want to throw.
It stands stock still,
like the hole I would tear,
in the ceiling. In the sky.
I need to know why,
why you lied.
You really should know better,
at your age.

Ira

Se recoge
debajo de mi lengua, como vómito,
y en mis muñecas,
como el golpe que quiero tirar.
Se queda todavía en reserva,
como el hoyo que quisiera rasgar,
en el techo. En el cielo.
Necesito saber por qué,
por qué me mentiste.
Realmente debiste de haberte dado cuenta,
a tu edad.

Neruda y sus ventanas

Me alegro que a Neruda solo le duelen las ventanas
a mí me duelen las puertas, las escaleras, los rincones.
El suelo está sudando. Las paredes están manchadas.
Y con la corriente austral, el techo ya se fue.
¿Cómo es posible extrañar a alguien tanto?
Esperar, ¿pero para qué? Ni yo tengo la respuesta.
No sé lo que quiero. No sé lo que pienso.
Supongo que la paz contigo. O todo menos este silencio.
    Desde la última palabra tuya aquí estoy, parada,
    esperando una señal de tí, como esperando un bus.
      Cuando ese no llegue, esperaré el tren,
      y si no aparece ese, me sentaré a esperar el barco.
        Hasta el día lejano en el que no vuelan más los aviones.
        Se me olvida que a tí siempre te gustó andar en bici.

Neruda and his aching windows

I'm glad that Neruda only suffers from aching windows. For my part it's
the doors. The stairs. Every corner hurts. The floor is sweating. There are
stains on all the walls. And the roof's gone, carried off somewhere by the wind.
How is it even possible to miss someone this much? To keep waiting,
but for what? Even I don't know anymore. I don't know
what I want. I don't know what to think. I suppose it'd be peace
between us. Or anything but this silence.
Since your last word to me here I stand, patiently
waiting for some sign from you, as if waiting for the bus.
and when it doesn't arrive, I'll wait for the train.
and if those aren't running, I'll sit and wait for the boat.
Until the day, far away, when planes don't fly anymore,
and I forget that you always preferred to cycle, anyway.

I am the tree

I am the tree that grows where there is no ground,
the song that is sung without making a sound,
that which was lost, but was there all the time,
these words, unspoken, left here struggling to rhyme,
the bruise in your pride, and this great mistake I've made,
and every single part of me that's ever been afraid.

Soy el árbol

Soy el árbol que crece donde no hay terreno,
la canción que se cantaba sin hacer ningún sonido,
aquella que se perdió, pero que estuvo ahí todo el tiempo,
palabras, no dichas, luchando por rimar,
el moretón en tu orgullo, este gran error que he cometido,
y cada parte de mí que nunca ha tenido miedo.

Truth

Would you know the truth
if it crept up beside you,
hovering, just within eyeshot,
and tapped you, nervously, on the
shoulder?
Would you recognise it as it worried its
lip,
wrung its hands,
desperate to keep its red-rimmed eyes
from the becoming another burden
that rests on your shoulders?

Would you know the truth,
if it stormed your castle,
in a cloud of thunder and profanity,
with a searing molotov for a mouth?
Would you grit your teeth and bear it,
if it sent you flying across the room,
leaving diamond imprints on your
cheek,
and not a leg left with which to stand
your ground?

Would you know the truth
if it climbed onto your lap,
carded fingers gently through your hair,
and tipped your face towards the sun?
Would you give in to the voice inside
you,
if she plundered your mouth like a
treasure trove,
as she pinned you down beneath her
soft weight,
and reminded you of all the reasons,
you came to be here in the first place?

Would you know the truth?

Would you know the truth?

Would you?

Verdad

¿Acaso reconocerías la verdad
si se arrastrara a tu lado,
flotando, justo al tiro,
y te palmeara, nerviosamente, en el
hombro?
¿Acaso la reconocerías en tanto aprieta
sus labios,
retuerce sus manos,
desesperado por guardar esos ojos
llorosos
que llegan a ser otra carga más
que soportan tus hombros?

¿Acaso sabrías la verdad,
si atacara tu castillo,
en una nube de trueno y blasfemia,
con una molotov mordaz por boca?
¿Acaso rechinarías tus dientes y lo
soportarías,
si te mandara volando a través del
cuarto,
dejando grabados diamantes en tu
mejilla,

y ningún argumento desde el cual
puedas defender tu posición?

¿Acaso reconocerías la verdad
si se sentara en tu regazo,
sus dedos corriendo gentilmente a
través de tu cabello,
e inclinándose en tu cara hacia el sol?
¿Acaso cederías a esa voz dentro de ti,
cuando ella saqueara tu boca como el
hallazgo de un tesoro,
clavándote debajo de su suave peso,
recordándote todas las razones,
por las cuales llegaste aquí en primer
lugar?

¿Acaso sabrías la verdad?

¿Acaso sabrías la verdad?

¿Acaso?

Me cuesta pensar[22]

/ honrar tu memoria / como uno honra un
fantasma / ¿cómo se lleva el duelo de aquel
que / no está / muerto ? / no sé cómo hacerlo
Dime tu- ¿qué hago? / ¿Qué debería haber hecho?
Buenita soy yo / ya te dije / buena y fácil como
lo son pocas personas / obediente / como te gusta a ti
hasta sin cuerdas /sin corbatas / porque / al final
parece que soy yo / quien estaba a tus pies / moviendome
a tu capricho / a tus anchas / Diosita soy, pero
portátil / a tamaño de tu bolsillo / atada
como te gusta a ti / por tus ordenes / ¡sí, señor! Me voy
a cuidar mucho / ¡sí señor! Seguiré estando bien
¡Sí amor! / Seguiré creando / No puedo parar desde que
te fuiste / el insulto de tu / despedida
se convirtió en / bendición / ¡Éxito! / ¡Éxito! por
todas partes / ¡Pena! / ¡Pena! es el abono en torno a la
raíz / junto a las memorias / que son muy pocas / y a mi
me cuesta pensar en todo esto / me cuesta agarrar el
hilo de una vez / el peor duelo es aquel
que se puede / evitar / cada día mis pensamientos
están / contigo / donde quiera que estés

---

[22] Publicado por primer vez en la *Revista Purgante*, Abril 2021

I'm struggling to understand

/ to honour your memory / like one might honour a
ghost / how does one grieve for someone
that / isn't / dead ? / I don't know how
/ tell me / what should I do? / what should I have done
I am good / I told you once / good and easy
like you've never known / obedient / just like you likt it
even without rope / without ties / because / in the end
apparently I was the one / at your feet / at your
will / at your whim / Goddess am I / but
travel-sized / fit right in your pocket / bound
just like you like it / by your command / yes sir! I'll take
good care of myself / yes sir! I'll keep cracking on
yes, love / I'll keep creating / I haven't stopped since
you left / the insult of / your departure
has turned to / blessing / success! / success! all
over / shame! / Shame! is what feeds the
root / as do the memories / scarce as they are / and I?
I'm struggling to understand / all this / struggling
to grasp it / once and for all / the worst kind of grief
is that which was / avoidable / everyday my thoughts
wander / to you / wherever you are

Restraint

I was not gifted with your discipline,
or your restraint.
>My heart,
>>it is the voracious French revolution.
>My heart,
>>it is the sunbaked Mauritian shore.
>My heart,
>>it is the raging Congo river.

My heart,
>it is a bison,
>an elephant.
>Stubborn, headstrong.

>It never forgets.

Control

Nunca fui virtuosa con tu disciplina,
ni tu control.
Mi corazón,
es la voraz Revolución Francesa.
Mi corazón,
es la costa de Mauricio curtida al sol.
Mi corazón,
es el furioso río del Congo.

Mi corazón,
es un bisonte,
un elefante.
Obstinado, testarudo, impetuoso.

Nunca olvida.

Sunshine

She has a picture of me,
fresh and pink and full of hope.
I was mistaken.
I am not the ray of sunshine
gathered at your feet,
gathered on the ground.
I am the blazing inferno,
the sun's wildest heart,
And I will burn your whole house down.

Rayo de sol

Ella tiene una foto mía,
rosa, fresca y llena de esperanza.
Estaba equivocada.
No soy la luz del sol
recogida a tus pies,
reunida en el suelo.
Soy el flameante infierno,
el corazón más salvaje del sol,
y arrasaré tu casa entera.

A dos hombres conocí[23]

A un hombre conocí cuyos manos eran ladrillos, con dos dagas en lugar de ojos, que llevaba siempre en la boca un molotov.

Conocí a ese hombre quien espolvoreaba sus maleficios con azúcar, quien tejía una telaraña de conquista y cosquillas, y quien se transformó en aquella araña del rincón.

Conocí a aquel hombre cuando me pasó mi destino en un vaso de chupito, cuando trenzó mi melena en un par de riendas, y me confundió con su juguete. En silencio escuchaba sus declaraciones de amor mientras cavaba mi tumba frente a mí. En silencio conocí la tierra fría en mi espalda junto a su amargo peso por encima cuando nos sepultó adentro los dos.

Conocí a las cuatro patas de su silla cuando intentó domesticarme. Conocí a su cariño mientras aprendía a bailar, en equilibrio, sobre la hoja de su rasuradora. Conocí a la punta sangrante de su látigo en los días que no lo alcancé.

Cuando por fin me escapé, demoré mucho en sanarme. En encontrar el fusil que tenía escondida debajo de mi lengua. Enseñar a mi boca respirar, y a mis pies dónde se encontraba el suelo, y que este último no me quería lastimar.

Pero existen heridas que no se sanan, sino que se transforman. Moretones que se convierten en pecas, puñaladas en lunares. Sangre en el pelo. Gravilla en la voz. La visión que se queda borrosa. Cuando se repiten los golpes por el mismo lado de la cara, quizás para siempre el rostro se inclinará así.

A esta altura todo esto no es más que un recuerdo. Historia lejana, que ya no me puede tocar. Me queda bien mi cuerpo, a pesar de todo lo que ha sobrevivido. Estoy viva, y lúcida, por lo menos lo suficiente para confirmarle al mundo que la lucha sigue en adelante, y que sí, se puede vencer. Que el corazón es elástico, y las memorias son hidrosolubles.

Que conocí a dos hombres. A ese monstruo, y a ti.

---

[23] Publicado por primera vez en la *Revista Purgante*, Junio 2021.

There were two men I knew

I once knew a man who had bricks for hands, and switchblades for eyes, who always carried a molotov in his mouth.

This man I knew would speak curses dusted with icing sugar. He would build his web woven of conquest and caresses. Who would transform into that fearful *araña del rincón*.

I met this man when he handed me my fate in a tiny shot glass, when he braided my mane into a pair of reins, and mistook me for his plaything. Silently I heard him declare his love as he dug my grave right in front me. Silently I felt the cold earth at my back, and his bitter weight above me as he buried the both of us inside.

I met the four legs of his chair when he tried to domesticate me. I knew the tenderness of his affection as I learned to dance, on tiptoes, along the sharp edge of his razor blade. I met with the bleeding tip of his whip on the days I was not able.

When I finally got away, healing over was a struggle. I struggled to find the ammunition I had always carried hidden under my tongue. I struggled to teach my mouth to breathe easy, and to show my feet exactly where the floor was, and that it wasn't going to hurt me.

But there are wounds that do not heal, but transform. Bruises turn into freckles, stabwounds into beauty spots. Blood in the hair. Gravel in the voice. Eyesight that remains blurry. Strike the same side of the head often enough, and the face will forever bend that way.

At this point in time, all of this is little more than a memory. Ancient history, that cannot touch me. I feel at home in my body, in spite of everything it's been through. I am alive and aware, or at least aware enough to tell the world that the battle still rages. And that, yes, it can be won.

That the heart is elastic. That memories are water soluble.

That there were two men I knew. One was a monster, and the other was you.

Morsels

I poison myself with morsels of food
gluten, dairy...
then wonder at the headaches.

I poison myself with morsels of you
Pictures, pieces...
then wonder at the pain.

Bocados

Me enveneno con bocados de comida,
gluten, lácteos...
luego me sorprendo por los dolores de cabeza.

Me enveneno con bocados de ti,
fotos, pedacitos...
luego me sorprendo por el dolor.

Mujer celosa[24]

No eres predador, sino zancudo. ¿No
basta con esta obsesión malsana que
tienes con mi sangre? Este sabor mío que
te vuelve descabellada, loca, por el rastro
solo. Te cuento que cuando ruges,
solo me suenan zumbidos.

Ven, te regalo unas gotitas, un puñadito
rojo, solo para ti. Porque se sabe que más
que esto no aguantas. Porque se sabe que ni
los árboles, ni la montaña te hacen caso.
Porque se sabe que los insectos, y otros pobres
bichos, solo tienen un par de días para existir.

Jealous woman

You're no predator, you're a mosquito. ¿Aren't
you tired of this sick obsession with
my blood? That taste of me that drives you
insane. Mad, with its scent alone. Let me
tell you that when you roar, all I hear is buzzing.

Come little gnat, have a few drops. A red fistful,
all of your very own. 'Cause everyone knows
you can't stomach any more than that. Everyone
knows that neither the mountain, nor the trees
pay you any heed. Everyone knows that insects,
and other bugs, only ever have a few days to live.

---

[24] Publicado por primera vez en la *Revista Purgante,* Marzo 2021.

Santiago, 2011

Who are you?
Who are you?
Who did you used to be?
Did these fits of rage and laughter,
always come so easily?

Where are you?
Where are you?
Where have you gone to hide?
Is there even a little of you left
under the rubble and soot inside?

There's no way out.
There's no way out.
You told yourself before.
There is nothing left.
There is no one left.
What are you fighting for?

Santiago, 2011

¿Quién eres?
¿Quién eres?
¿Quién solías ser?
¿Acaso estos ataques de ira y risa
siempre venían tan fácil?

¿Dónde estás?
¿Dónde estás?
¿A dónde te fuiste a esconder?
¿Queda todavía un poco de ti
bajo los escombros y el hollín?

No hay salida.
No hay salida.
Te dijiste a ti mismo antes.
No queda nada.
No queda nadie.
¿Por qué estás peleando?

Raised

My mother raised me in ferocity;
my father steeped me in his pride.
"Raised by wolves," some might say.
I do not hear them-
this nest of eaglets is too far from the ground.
"raised by rat-wolves," they whisper.
        I hear nothing.

      No. Not a sound.

Criada

      Mi madre me crió ferozmente;
      mi padre me empapó en su orgullo.
     "Criada por lobos"[25], algunos dirían.
      No los escucho:
este nido de aguiluchas está muy lejos del suelo.
   "Criada por lobos-rata"[26], ellos susurran.
      No escucho nada.

      No. Ni un sonido.

---

[25] *En cursivas y entre comillas, en el original. (N. Del T.)*
[26] *Ídem.*

Walk away

I know what I am
And I know what I am not.

I know what I've done
and I know what I have not.

Here there are words that are not mine.
And schemes, intended to sully, and deceive.
Here there is someone who has no care for the rules
of honour and integrity, by which you and I have played.
I am left with no choice but to leave this all behind
me, pick myself up, brush myself off, and walk away.

Me marcho

Yo sé lo que soy
y sé lo que no soy.

Yo sé lo que hice
Y sé lo que no hice.

Aquí hay palabras que no son mías.
Y planes que pretenden manchar, y engañar.
Aquí hay alguien a quien no le importan las reglas
de honor e integridad, con las que tú y yo hemos jugado.
Me quedo sin otra opción que la de dejar todo esto atrás,
levantarme, quitarme el polvo y marchar.

The safest place[27]

In the event of an earthquake,
the safest place
is under a table,

       (como secreto)

or in the doorway,

       (como intruso).

When the earth has had enough
and throws you up, away and off
always remember
to sink beneath

       (como sentimiento)

or stand between,

       (como excusa)

and there, wait patiently
for an excruciating end,
or the tremors to pass.

---

[27] First published in *Untitled Writing*, June 2021.

El lugar más seguro

En el caso de un terremoto,
el lugar más seguro
es debajo de una mesa,
(like a secret)

o en el pasillo,
(like an intruder).

Cuando la tierra ha tenido demasiado
y te tira hacia arriba, lejos y fuera
siempre recuerda
hundirte debajo
(like a feeling)

o pararte en medio
(like an excuse)

y ahí, esperar pacientemente
por un final atroz,
o a que los temblores pasen.

Pedacitos[28]

Here, take my knife, careful with your tongue.
oh dear! Is there much blood? Don't worry, I'll mop it up
with my hair, see how the red blazes;
see how it suits me? You know I always wanted it like this.
And this ink, all this ink... Let me wring out your skin. Wait a sec,
I'll get a pot to put it all in. Good lord, there's a lot!
This'll come in very handy, I'm always running out of pens.
I think I'll write our story out with it (which version though?)
Oh, but I'll put this one aside; the name of your mother.
That's going in another poem. Wait, there's something
here. A little bead. The scar from your vaccine,
just above that one that looks like a spider
(my least favourite of all). But I'll make it into a pendant,
a keychain, perhaps? Along with your foreskin. Maybe a pair
of earrings? And these hands, like dinner plates, fingers flexed,
better suited to piano keys. I'll wear one as a glove in winter,
and with the other I'll tease myself by penning something
earnest, and heartfelt, in which I use words like *always*, and *never*.
And *mine*. Each eye will do nicely for the sun and the moon
in my picture book project, and your teeth, please forgive me,
I've added them to my own. They lend more bite to my rage-writing.
Such glorious canines! Here, hand me your nose, truly you'll never guess
what I'll do with that delicious slant! I plan to rest all my words
on top of it, like a schoolgirl's lined page. See here, isn't it neat, and tidier
this way? Organised, and punctual, and punctuated, just like you.
I'll put both arms into my trilogy, and your legs will get a short fiction each. And these
toes, and ears, and scuffed elbows... I think they're best suited for poetry.
What shall I do with this voice? I've put some water to boil,
no need to add sugar, that accent is thick enough, and
so sweet! I still can't believe I had no memory of the gravel of it,
or the way your 'r's and 'j's just rolled into the pot- no, just the memory
of my name, and that devilish, defiant grin. Oh sod it! I've dropped some
hair- your sparse beard and thick eyebrows- right in!

---

[28] First published in *Unpublishable Magazine,* April 2021.

Along with the 'z' at the end of my name.

What a pity it had to come to this, having to divide you, pick you apart.
Cut all 6 foot, ten years of you down to pedacitos and other spare parts.

Pedacitos

Ten, toma mi cuchillo, cuidado con tu lengua.
¡Ay cariño! ¿Hay mucha sangre? No te preocupes, yo la fregaré
con mi cabello, mira cómo arde el rojo;
¿ves cómo me queda bien? Sabes que siempre lo quise así.
Y esta tinta, toda esta tinta... Déjame exprimir tu piel. Espera un segundo,
iré por una olla para ponerla toda ahí ¡Dios mío, hay demasiada!
Será muy útil. Siempre me estoy quedando sin tinta para las plumas.
Creo que escribiré nuestra historia con ella (aunque, ¿qué versión?)
Ay, pero pondré a un lado el nombre de tu madre.
Ése será otro poema. Espera, hay algo
aquí. Una perla pequeña. La cicatriz de una vacuna,
justo arriba de ésa que luce como una araña
(la que menos me gusta). Pero la convertiré en un colgador,
¿en un llavero, quizás? Junto con tu prepucio ¿Quizá un par
de aretes? Y estas manos, como platos, dedos flexionados,
adecuados para las teclas del piano. Utilizaré uno como guante en el invierno,
y con el otro apuntaré
algo sincero, y sentido, en donde usaré palabras como *siempre*[29], y *nunca*[30].
Y *mío*[31]. A cada ojo le irá bien ser el sol y la luna
en mi proyecto de libro ilustrado, y tus dientes, por favor, perdóname,
los he añadido a los míos. Le permiten más mordida a mi escritura-iracunda.
¡Caninos tan gloriosos! ¡Ya, dame tu nariz, nunca sabrás realmente
lo que haré con esa deliciosa pendiente! Planeo dejar todas mis palabras
sobre ella, como en los márgenes de una página de colegiala. Mira, ¿qué acaso no está
limpio, y de esta manera ordenado? Organizado, y puntual, y puntuado, justo como tú.
Pondré ambos brazos en mi trilogía, y tus piernas tendrán un cuento corto cada una. Y

---

[29] *Ídem.*
[30] *Supra Cit.*
[31] *Véase nota 26. (N. Del T.)*

esos deditos, orejas, codos raspados... Creo que le quedan mejor a la poesía.

¿Qué hago con esta voz? He puesto agua a hervir,

no necesita que le agreguen azúcar, ese acento es suficientemente marcado, ¡y

dulce! Todavía no puedo creer que no tenga memoria de su voz grave,

o la manera en que sus 'Rs' y 'Js' ruedan justamente como latas: no, solamente

la memoria de mi nombre, y la diabólica, desafiante mueca ¡Oh, mierda! ¡Tiré algo de

cabello -tu barba dispersa y tus gruesas cejas- justo ahí!

Junto con la "z" al final de mi nombre.

Qué desgracia que haya llegado a esto, tenerte que dividir, separarte.

Cortando tu 1.82 y tus 10 años de pedacitos y otras

partes.

I thought of you today

the strange / bittersweet sensation
crashing through my hippocampus
I thought of you / but didn't / choke / the memory
didn't / slice / its way through my sternum
like it used to / didn't tickle / my nose / like horsehair
didn't buckle / my knees / at the menisci
I saw / a bunch of flowers / today
and my thoughts / they scurried right back / to you
like / children / running / from the rain / and the pain
was a dull ache / that didn't ricochet
throughout / the depths of me / didn't erode the
tired / ends of me / didn't curl / my insides /
into a knot / I thought of you / today /
and for once / it didn't have me / by the throat /
I thought of / you / today and / for once /
you didn't have me / by the throat

Hoy pensé en ti

la extraña / sensación agridulce
que irrumpe a través de mi hipocampo
Pensé en ti / pero no / me atraganté / La memoria
no / se rebanó / a través de mi esternón
como solía hacerlo / no cosquilleó / mi nariz / como la crin de un caballo
no se enredó / a mis rodillas / en el menisco
Hoy vi / un ramo de flores / y mis pensamientos / se escabulleron hacia ti
como / niños / escapándose / de la lluvia / y el dolor
fue un dolor constante / que no rebotó
a través / de mis profundidades / no erosionó los
cansados / recovecos de mí / no trenzó / mis entrañas /
en un nudo / Pensé en ti / hoy / y por primera vez
tu pensamiento no me tenía / por la garganta / Pensé en / ti /
hoy y / por primera vez / no me tenías / por la garganta /

Fin.

Acknowledgements y Agradecimientos

For the conception, creation and publication of this collection, I would like to thank the following people:

My Father, for this life in which I have learned to read, write, love, lose, and make poetry. In all my ways I acknowledge you.

Mon homme a moi, who gave me the permission I couldn't give myself to put my words out into the world, for giving me time to work on them and this project, and for believing my writing is "important." And my girls, for getting excited about Mummy's poetry even before you even knew what poetry even was. To Nati, for giving me the time, space, and peace of mind this book-baby demanded.

Caroline, without whom I would never have started writing. I know they are a long way from Milton, but these words are all half yours. Caco, for telling me it's OK to make the art, and do the things. And for setting Beyoncé and the Brontë's as the (totally achievable) bar. Dianu, who always knew there was an artist somewhere inside of me, dying to be let loose on the world. Thank you for always believing in me.

My parents, for plying me with Gloria Estefan, Michael Rosen, Edward Lear and Rudyard Kipling as a child. For supporting me and my endeavours. Even this weird, poetry stuff.

Andrés, for his editing, translating, enthusiasm and unwavering faith in me and my writing. Nunca me hubiera atrevido a escribir en español, aún menos publicar un libro bilingüe sin tu apoyo. ¡Gracias tanto hermano, te quiero un montón!

Juan Pablo, por abrazar este proyecto como si fuera un libro tuyo. Por las artes, las ilustraciones, las correcciones, la paciencia. Por aguantarme, apoyarme, y creer en mí. Por difundir, y defender mi libro. Por todo, y mucho, y más.

Miguel y Rich, por recibirme en su casa y sus páginas, y por creer en mis palabritas, y estas en un idioma, y un continente, que no son míos. Los quiero muy cabrón.

Louise, Keshe, Lisa, Ruth, Nikki, Jen, Martha, and Laura for your constant support and encouragement from the very beginning of this project right through to its publication. Even though I am a writer, there are no words for how grateful I am to know each one of you as friends, and for every chance I get to support each one of you as artists.

Y por último, I would like to thank all the people past and present who inspired every one of these words. No los hubiera escrito si no fuera por ustedes. Los agradezco for the love, the loss, and all the lessons learnt.

About the author

Elizabeth M Castillo is a British-Mauritian poet, writer and indie-press promoter. She lives in Paris with her family and two cats, where she writes a variety of different things under a variety of pen names. In her writing Elizabeth often revisits the many countries and cultures she has lived in- Mauritius, Chile, France, the DRC. Her poetry explores themes of race & ethnicity, motherhood, womanhood, language, love, loss and grief, and a touch of magical realism. Her work has been published in numerous literary magazines in the UK, the US, Australia and Latin America, as well as several international poetry anthologies. If you enjoyed these poems, please feel free let the author know, leave a review on Amazon or Goodreads, or tell a friend all about it.

Acerca de la autora

Elizabeth M Castillo es una poeta, escritora y promotora de prensa independiente británico-mauriciana. Vive en París con su familia y dos gatos, donde escribe una variedad de cosas bajo una variedad de seudónimos. En sus escritos, Elizabeth vuelve a visitar los muchos países y culturas que ha conocido- las islas Mauricio, Chile, Francia, la República Democrática del Congo. En su poesía, explora temas de raza y etnia, maternidad, feminidad, lenguaje, amor, pérdida y dolor, y un toque de realismo mágico. Su trabajo ha sido publicado en numerosas revistas literarias en el Reino Unido, los Estados Unidos, Australia y América Latina, así como en varias antologías de poesía internacionales. Si usted disfrutó de estos poemas, por favor siéntase con la libertad de hacérselo saber a su autora, dejar su opinión en Amazon o en Goodreads o recomendar el título a sus amigas(os).

About the translator
Andrés Piña is a Mexican philosopher, poet, translator and journalist. He has authored 4 books of poetry, and his poems have been published Argentina, USA, Venezuela and Mexico.

Acerca del traductor
Andrés Piña (1989) Filósofo, poeta, traductor y periodista mexicano. Ha publicado 4 libros de poesía y sus poemas han aparecido en Argentina, Estados Unidos, Venezuela y México.

elizabethmcastillo.com   @EMCWritesPoetry   @EMCWritesPoetry

Printed in Poland
by Amazon Fulfillment
Poland Sp. z o.o., Wrocław

81473618R00068